Picture Dictionary

ENGLISH/ TAGALOG

More than 350 Essential Words

Dylanna Press

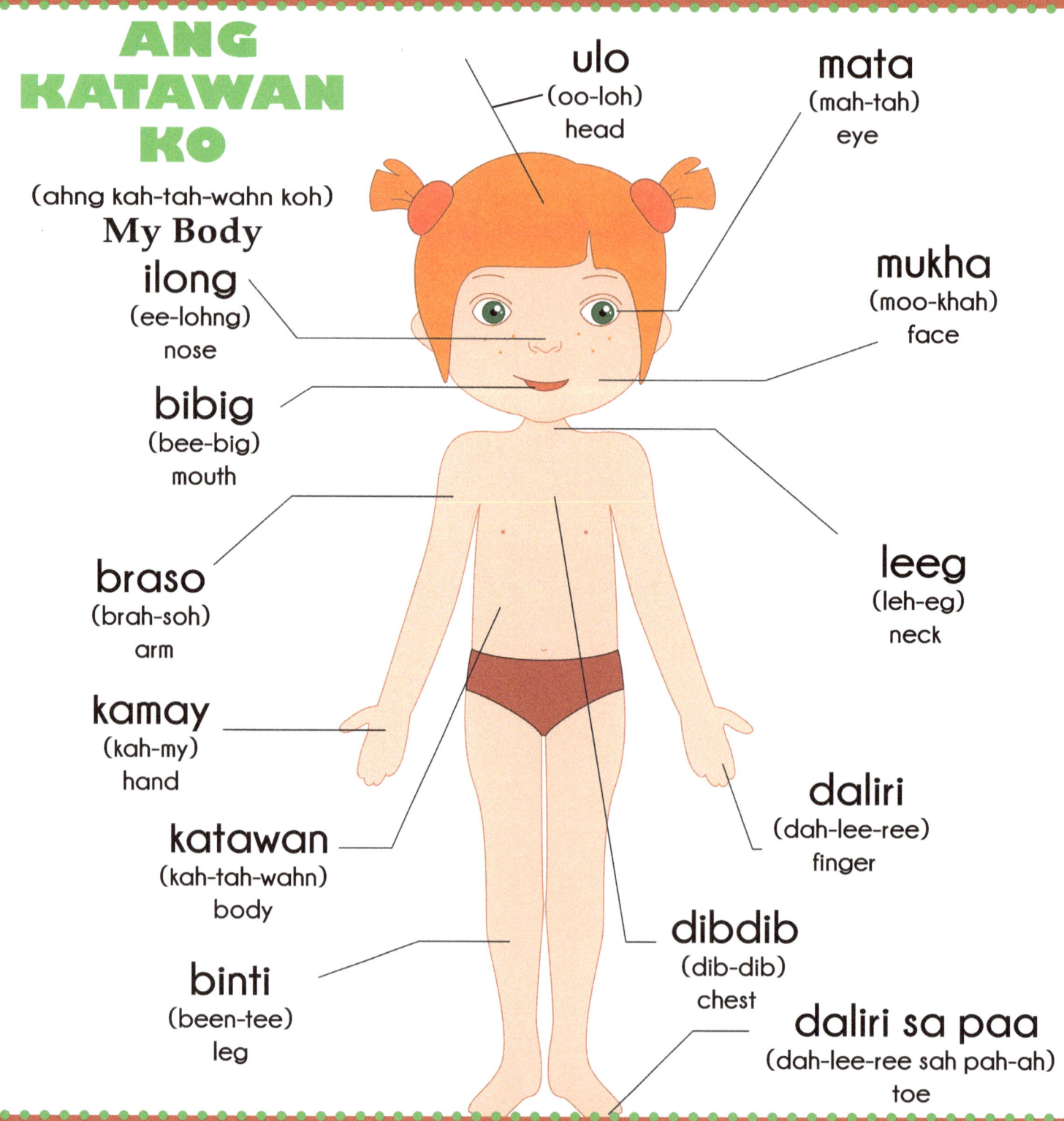

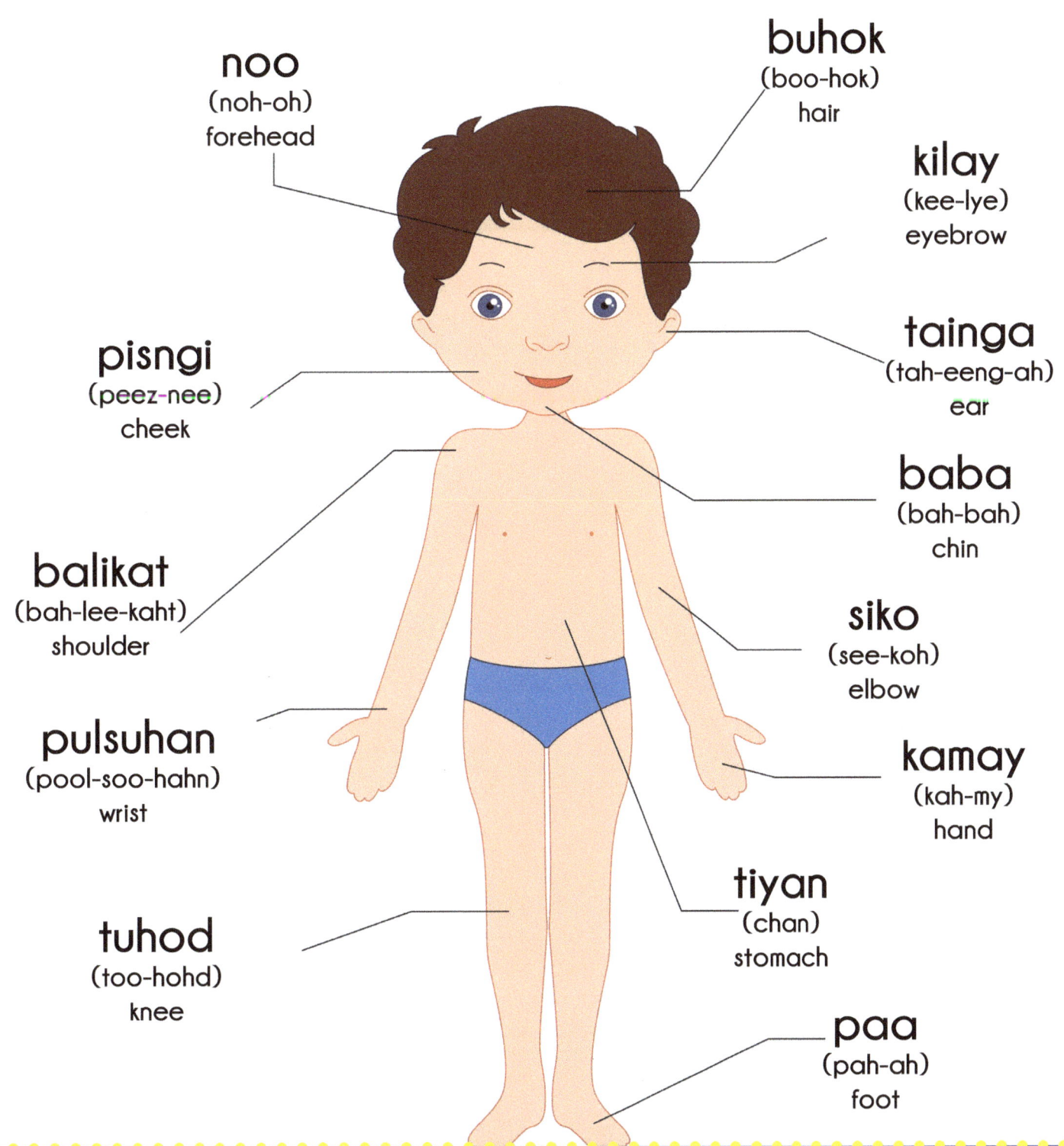

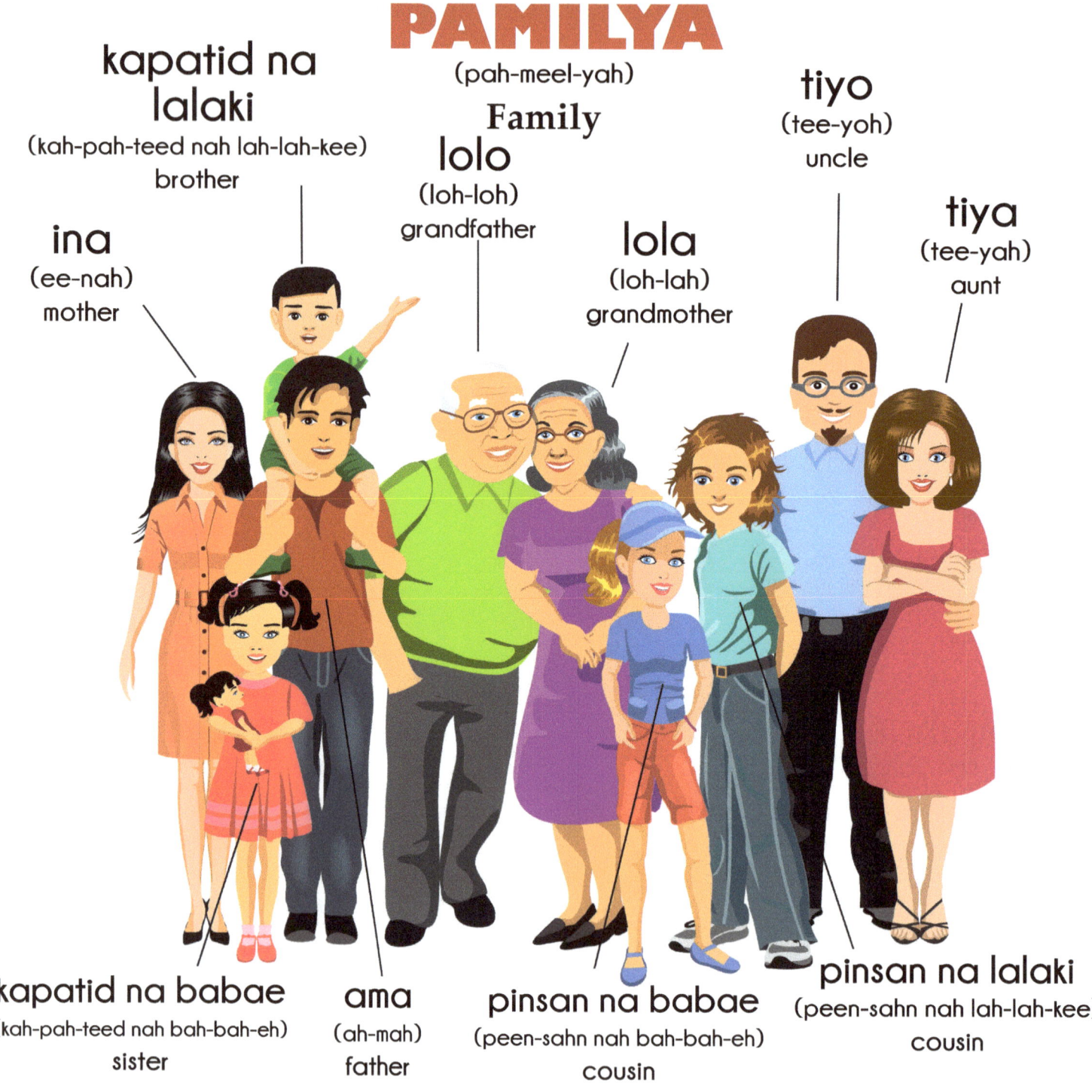

ANG BAHAY KO
(ahng bah-hay koh)

my house

sala
(sah-lah)

living room

kusina
(koo-see-nah)

kitchen

silid-tulugan
(see-leed-too-loo-gahn)

bedroom

banyo
(bahn-yoh)

bathroom

hagdan
(hahg-dahn)

stairs

bintana
(been-tah-nah)

window

tsimenea
(chee-meh-neh-ah)

fireplace

pinto
(peen-toh)

door

sopa
(soh-pah)

couch

upuan
(oo-poo-ahn)

chair

mesa
(meh-sah)

table

ilawan
(ee-lah-wahn)

lamp

telebisyon
(teh-leh-bee-syon)

television

tokador
(toh-kah-dohr)

dresser

lamesa
(lah-meh-sah)

desk

estante ng aklat
(es-tan-teh nang ak-lat)

bookcase

bangkito
(bahng-kee-toh)

stool

SA SILID-TULUGAN

(sah see-leed-too-loo-gahn)

In the bedroom

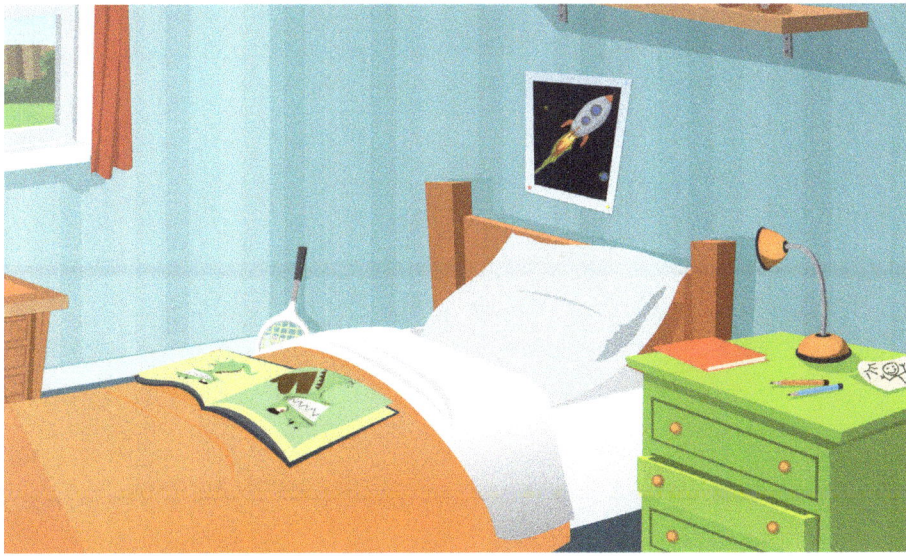

kama
(kah-mah)

bed

unan
(oo-nahn)

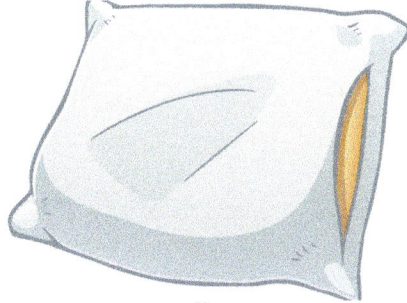

pillow

kumot
(koo-moht)

blanket

aparador
(ah-pah-rah-dohr)

wardrobe

orasan
(oh-rah-sahn)

clock

salamin
(sah-lah-meen)

mirror

KUSINA
(koo-see-nah)

kitchen

pridyider
(preed-yee-der)

refrigerator

kalan
(kah-lahn)

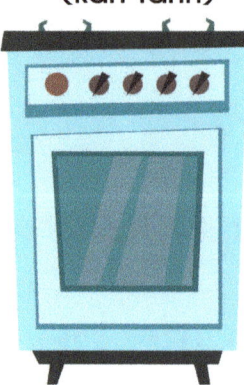
stove

mangkok
(mahng-kohk)

bowl

tasa
(tah-sah)

cup

baso
(bah-soh)

glass

sangkalan
(sahng-kah-lahn)

cutting board

kutsilyo
(koot-seel-yoh)

knife

tinidor
(tee-nee-dohr)

fork

takure
(tah-koo-reh)

kettle

kawali
(kah-wah-lee)

pan

kaldero
(kal-deh-roh)

pot

plato
(plah-toh)

plate

kutsara
(koot-sah-rah)

spoon

tsarera
(chah-reh-rah)

teapot

pampalo
(pahm-pah-loh)

whisk

makinang panghugas ng pinggan
(mah-kee-nahng pahng-hoo-gahs nahng peeng-gahn)

dishwasher

microwave
(mai-kroh-weiv)

microwave

BANYO
(bahn-yoh)

bathroom

batya
(baht-yah)

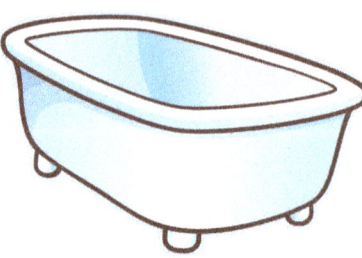

bathtub

sabon
(sah-bohn)

soap

sipilyo
(see-peel-yoh)

brush

bula
(boo-lah)

bubbles

suklay
(sook-lai)

comb

gripo
(gree-poh)

faucet

timbangan
(teem-bahng-ahn)

scale

shampoo
(shahm-poo)

shampoo

dutsa
(doot-sah)

shower

lababo
(lah-bah-boh)

sink

espongha
(eh-spohn-gah)

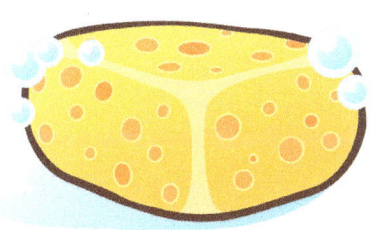

sponge

tisyu
(tee-shoo)

tissue

inidoro
(ee-nee-doh-roh)

toilet

sipilyo
(see-peel-yoh)

toothbrush

panghilod ng ngipin
(pahng-hee-lod nang ngee-peen)

toothpaste

tuwalya
(too-wahl-yah)

towel

papeles sa inidoro
(pah-peh-les sah ee-nee-doh-roh)

toilet paper

MGA DAMIT KO
(mahng-ah dah-meet koh)
My Clothes

sinturon
(seen-too-rohn)

belt

panglangoy
(pahng-lah-ngoy)

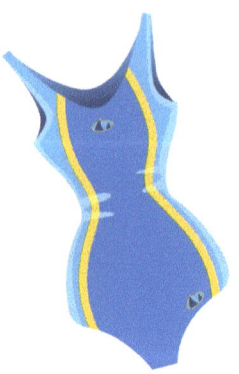

swimsuit

blusa
(bloo-sah)

blouse

bota
(boh-tah)

boots

amerikana
(ah-meh-ree-kah-nah)

coat

bestida
(bes-tee-dah)

dress

guwantes
(goo-wahn-tes)

gloves

dyaket
(jah-ket)

jacket

sumbrero
(soom-bre-roh)

hat

maong
(mah-ong)

jeans

kurbata
(koor-bah-tah)

necktie

pantalon
(pahn-tah-lohn)

pants

oberols
(oh-ber-ols)

overalls

pitaka
(pee-tah-kah)

purse

pangtulog
(pahng-too-log)

pajamas

balabal
(bah-lah-bahl)

scarf

salawal
(sah-lah-wahl)

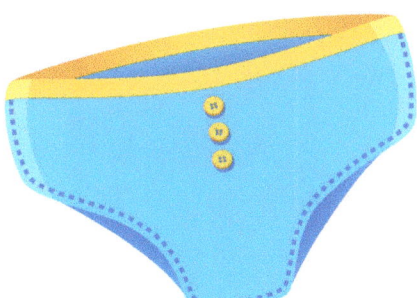

underwear

sapatos
(sah-pah-tos)

shoes

palda
(pahl-dah)

skirt

sapatos na pangtakbo
(sah-pah-tos nah pahng-tahk-boh)

sneakers

medyas
(med-yahs)

socks

salaming pang-araw
(sah-lah-ming pahng-ah-rahw)

sunglasses

panglamig
(pahng-lah-meeg)

sweater

kamiseta
(kah-mee-seh-tah)

T shirt

pampalamig
(pahm-pah-lah-meeg)

tights

salawal panglangoy
(sah-lah-wahl pahng-lah-ngoy)

swim trunks

dyaket na may hoodie
(dya-ket nah may hoo-dee)

sweatshirt

PAGKAIN
(pahg-kah-een)

Food

kamatis
(kah-mah-tees)

tomato

pakwan
(pahk-wahn)

watermelon

mansanas
(mahn-sah-nahs)

apple

kahel
(kah-hel)

orange

saging
(sah-ging)

banana

presas
(preh-sas)

strawberries

limon
(lee-mohn)

lemon

peras
(peh-rahs)

pear

ensalada
(en-sah-lah-dah)

salad

keso
(keh-soh)

cheese

manok
(mah-nok)

chicken

mga pinamili
(mahng-ah pah-mee-lee)

groceries

hotcake
(haht-kayk)

pancakes

sanwits
(san-wits)

sandwich

espagti
(es-pah-geh-tee)

spaghetti

tostadong tinapay
(tos-tah-dong tee-nah-pay)

toast

mais
(mah-ees)

corn

mantikilya
(mahn-tee-keel-yah)

butter

kanin
(kah-neen)

rice

keyk
(kayk)

cake

mani
(mah-nee)

nuts

itlog
(eet-lohg)

egg

patatas
(pah-tah-tahs)

potatoes

tinapay
(tee-nah-pai)

bread

tsitsirya
(cheet-cheer-yah)

chips

kukis
(koo-kees)

cookies

popkorn
(pop-korn)

popcorn

prens prays
(prehns prays)

french fries

sorbetes
(sor-beh-tes)

ice cream

karot
(kah-rot)

carrot

pitsa
(peet-sah)

pizza

broccoli
(broh-koh-lee)

broccoli

gatas
(gah-tahs)

milk

sibuyas
(see-boo-yahs)

onion

pabo
(pah-boh)

turkey

MGA HAYOP
(mahng-ah hah-yop)

Animals

ibon
(ee-bon)

bird

pusa
(poo-sah)

cat

aso
(ah-soh)

dog

pato
(pah-toh)

duck

elepante
(eh-leh-pahn-teh)

elephant

alamid
(ah-lah-meed)

fox

pabo
(pah-boh)

turkey

balyena
(bahl-yeh-nah)

whale

panda
(pahn-dah)

panda

palaka
(pah-lah-kah)

frog

kuwago
(koo-wah-go)

owl

kuneho
(koo-neh-hoh)

rabbit

tandang
(tahn-dahng)

rooster

unggoy
(oong-goy)

monkey

leon
(leh-ohn)

lion

usa
(oo-sah)

moose

ardilya
(ahr-deel-yah)

squirrel

ahas
(ah-hahs)

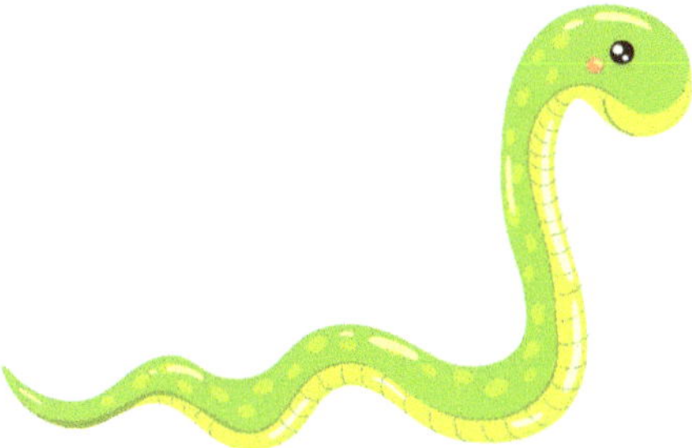

snake

daga
(dah-gah)

mouse

manok
(mah-nok)

chicken

buwaya
(boo-wah-yah)

alligator

oso
(oh-soh)

bear

baboy
(bah-boy)

pig

pagong
(pah-gong)

turtle

hipopotamo
(hee-po-po-tah-mo)

hippopotamus

dyirap
(jee-rahp)

giraffe

kamelyo
(kah-mel-yoh)

camel

lobo
(loh-boh)

wolf

zebra
(zeh-brah)

zebra

isda
(ees-dah)

fish

baka
(bah-kah)

cow

tupa
(too-pah)

sheep

kambing
(kahm-bing)

goat

kabayo
(kah-bah-yoh)

horse

tigre
(tee-greh)

tiger

suso
(soo-soh)

snail

penguin
(peng-gwin)

penguin

gorilya
(goh-reel-yah)

gorilla

PAARALAN
(pah-ah-rah-lahn)

bus ng paaralan
(boos nahng pah-ah-rah-lahn)

guro
(goo-roh)

school

school bus

teacher

krayola
(krah-yoh-lah)

pandikit
(pahn-dee-kit)

mga kwaderno
(mahng-ah kwah-der-noh)

crayons

glue

notebooks

pintura
(pin-too-rah)

lapis
(lah-pees)

globo
(gloh-boh)

paint

pencil

globe

bag
(bahg)

backpack

panulat
(pahn-oo-laht)

pen

panukat
(pahn-oo-kaht)

ruler

kalkulador
(kahl-koo-lah-dor)

calculator

gunting
(goon-ting)

scissors

stapler
(stay-pler)

stapler

aklat
(ak-lat)

book

mesa
(meh-sah)

desk

mag-aaral
(mag-ah-ah-ral)

student

PANAHON
(pah-nah-hon)

weather

ulap
(oo-lahp)

cloud

kidlat
(keed-laht)

lightning

ulan
(oo-lahn)

rain

niyebe
(nee-yeh-beh)

snow

araw
(ah-rahw)

sun

buhawi
(boo-hah-wee)

tornado

hangin
(hah-ngin)

wind

bahaghari
(bah-hahg-hah-ree)

rainbow

MGA PANAHON - THE SEASONS

taglamig
(tahg-lah-meeg)

winter

tagsibol
(tahg-see-bol)

spring

tag-init
(tahg-ee-neet)

summer

taglagas
(tahg-lah-gahs)

autumn

TRANSPORTASYON
(trans-por-tah-syon)
transportation

eroplano
(eh-roh-plah-noh)

airplane

ambulansya
(ahm-boo-lahn-syah)

ambulance

bisikleta
(bee-seek-leh-tah)

bicycle

bangka
(bahng-kah)

boat

bus
(boos)

bus

kotse
(kot-sheh)

car

trak ng bumbero
(trahk nahng boom-beh-roh)

firetruck

helikopter
(heh-lee-kop-ter)

helicopter

motorsiklo
(mo-tor-seek-loh)

motorcycle

kotse ng pulis
(kot-sheh nahng poo-lees)

police car

raketa
(rah-keh-tah)

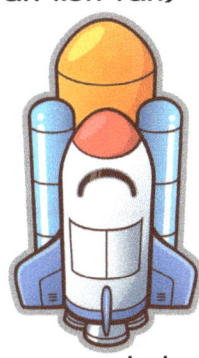

rocket

iskuter
(ees-koo-ter)

scooter

barko
(bahr-koh)

ship

submarino
(soob-mah-ree-noh)

submarine

traktora
(trak-toh-rah)

tractor

tren
(tren)

train

trak
(trahk)

truck

kariton
(kah-ree-ton)

wagon

PALAKASAN — SPORTS
(pah-lah-kah-sahn)

guwantes
(goo-wahn-tes)

beysbol
(beys-bol)

basketbol
(bas-ket-bol)

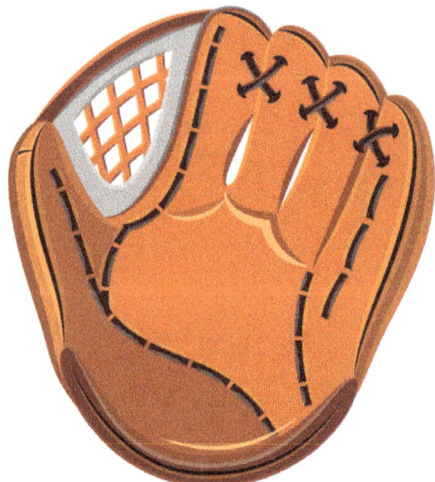

glove

baseball

basketball

iskeytbord
(ees-kayt-bord)

raketa sa tenis
(rah-keh-tah sah teh-nees)

pito
(pee-toh)

skateboard

tennis racket

whistle

boksing
(bok-sing)

boxing

pangingisda
(pahng-gee-ngis-dah)

fishing

rugby
(rag-bi)

football

golp
(golp)

golf

iskeyting
(ees-kay-ting)

skating

karate
(kah-rah-teh)

karate

putbol
(poot-bol)

soccer

paglalayag
(pahg-lah-lah-yahg)

sailing

tenis
(teh-nees)

tennis

PANDIWA
(pan-dee-wah) — Action Words

gumapang
(goo-mah-pahng)

crawl

umakyat
(oo-mahk-yat)

climb

umiyak
(oo-mee-yahk)

cry

uminom
(oo-mee-nom)

drink

kumain
(koo-mah-een)

eat

tumalon
(too-mah-lohn)

jump

tumawa
(too-mah-wah)

laugh

makinig
(mah-kee-nig)

listen

magbasa
(mahg-bah-sah)

read

tumakbo
(too-mahk-boh)

run

umupo
(oo-moo-poh)

sit

matulog
(mah-too-log)

sleep

tumayo
(too-mah-yoh)

stand

magsalita
(mahg-sah-lee-tah)

talk

maglakad
(mahg-lah-kahd)

walk

bumulong
(boo-moo-long)

whisper

yumakap
(yoo-mah-kahp)

hug

lumundag
(loo-moon-dag)

bounce

DAMDAMIN — EMOTIONS
(dahm-dah-meehn)

takot
(tah-kot)

mausisa
(mah-oo-see-sah)

malungkot
(mah-loong-kot)

afraid

curious

sad

galit
(gah-leet)

nagulat
(nah-goo-laht)

masaya
(mah-sah-yah)

angry

surprised

happy

KABALIGTARAN — OPPOSITES
(kah-bah-lig-tah-rahn)

marumi
(mah-roo-mee)

malinis
(mah-lee-nees)

sarado
(sah-rah-doh)

bukas
(boo-kahs)

dirty   clean   closed   open

malamig
(mah-lah-meeg)

mainit
(mah-ee-neet)

maliwanag
(mah-lee-wah-nahg)

madilim
(mah-dee-leem)

cold   hot   light   dark

KABALIGTARAN — OPPOSITES

matanda (mah-tahn-dah) — old

bata (bah-tah) — young

mabigat (mah-bee-gaht) — heavy

magaan (mah-gah-ahn) — light

maingay (mah-ee-ngay) — loud

tahimik (tah-hee-meek) — quiet

baba (bah-bah) — down

taas (tah-ahs) — up

KABALIGTARAN — OPPOSITES

tuyo
(too-yoh)

basa
(bah-sah)

malambot
(mah-lahm-bot)

matigas
(mah-tee-gahs)

dry

wet

soft

hard

hila
(hee-lah)

tulak
(too-lahk)

ibabaw
(ee-bah-bahw)

ilalim
(ee-lah-leem)

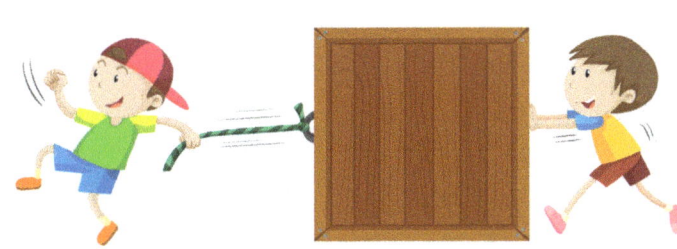

pull push

above below

PAGBATI — GREETINGS

kamusta (kah-moos-tah)	paalam (pah-ah-lahm)	magandang umaga (mah-gahn-dahng oo-mah-gah)	magandang gabi (mah-gahn-dahng gah-bee)

hello	goodbye	good morning	good night

oo (oh-oh)	hindi (hin-dee)	pakiusap (pah-kee-oo-sahp)	salamat (sah-lah-maht)

yes	no	please	thank you

MGA ARAW NG LINGGO — DAYS OF THE WEEK

 Lunes (loo-nes)

 Biyernes (bee-yer-nes)

 Martes (mar-tes)

 Sabado (sah-bah-doh)

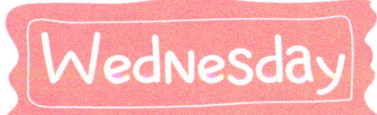 Miyerkules (mee-yer-koo-les)

 Linggo (leeng-goh)

 Huwebes (hoo-weh-bes)

MGA BUWAN — MONTHS

Enero
(eh-neh-roh)

Pebrero
(peb-reh-roh)

Marso
(mar-soh)

Abril
(ah-breel)

Mayo
(mah-yoh)

Hunyo
(hoon-yoh)

Hulyo
(hool-yoh)

Agosto
(ah-gos-toh)

Setyembre
(set-yem-breh)

Oktubre
(ok-too-breh)

Nobyembre
(nob-yem-breh)

Disyembre
(dis-yem-breh)

MGA HUGIS — SHAPES
(mahng-ah hoo-gees)

bilog
(bee-log)

diyamante
(dya-mahn-teh)

parihaba
(pah-ree-hah-bah)

circle

diamond

rectangle

parisukat
(pah-ree-soo-kaht)

bituin
(bee-twee-in)

tatsulok
(taht-soo-lok)

square

star

triangle

MGA NUMERO — NUMBERS
(mahng-ah noo-meh-roh)

isa	dalawa	tatlo	apat	lima
(ee-sah)	(dah-lah-wah)	(taht-loh)	(ah-paht)	(lee-mah)

 one
 two
 three
 four
 five

anim	pito	walo	siyam	sampu
(ah-neem)	(pee-toh)	(wah-loh)	(see-yahm)	(sahm-poo)

 six
 seven
 eight
 nine
 ten

ALPABETO – ALPHABET

(ahl-pah-beh-toh)

A - a (ah)	K - ka (kah)	S - es (es)
B - be (beh)	L - el (el)	T - te (teh)
C - se (seh)	M - em (em)	U - u (oo)
D - de (deh)	N - en (en)	V - ve (veh)
E - e (eh)	Ñ - enye (ehn-yeh)	W - doble u (doble-u)
F - ef (ef)	Ng - enge (eng)	X - eks (ehks)
G - ge (heh)	O - o (oh)	Y - wye (wae)
H - hache (ah-tshe)	P - pe (peh)	Z - zeta (zet)
I - i (ee)	Q - kyu (kyu)	
J - jota (ho-ta)	R - er (er)	

Tagalog-English Word List

Abril	April	**baso**	glass
Agosto	August	**bata**	young
ahas	snake	**berde**	green
aklat	book	**besbol**	baseball
aklatan	library	**bestida**	dress
ama	father	**bibig**	mouth
ambulansya	ambulance	**bilog**	circle
amerikana	coat	**bintana**	window
anim	six	**binti**	leg
aparador	wardrobe	**bisikleta**	bicycle
apat	four	**bituin**	star
apuyan	fireplace	**Biyernes**	Friday
araw	sun	**blusa**	blouse
ardilya	squirrel	**bota**	boots
aso	dog	**braso**	arm
asul	blue	**brokoli**	broccoli
baba	chin	**buhawi**	tornado
baba	down	**buhok**	hair
baboy	pig	**bukas**	open
bag	backpack	**bula**	bubbles
bahaghari	rainbow	**bulong**	whisper
bahay	house	**bus**	bus
baka	cow	**bus ng paaralan**	schoolbus
balabal	scarf	**buwaya**	alligator
balikat	shoulder	**daga**	mouse
balyena	whale	**dalandan**	orange (fruit)
bangka	boat	**dalawa**	two
bangkito	stool	**daliri**	finger
banyo	bathroom	**daliri sa paa**	toe
barko	ship	**damit**	clothes
basa	wet	**dibdib**	chest
basketbol	basketball	**dilaw**	yellow

Tagalog-English Word List

Disyembre	December	**ibon**	bird
diyamante	diamond	**ilawan**	lamp
dyaket	jacket	**ilong**	nose
dyaket na may hoodie	sweatshirt	**ina**	mother
dyirap	giraffe	**isa**	one
elepante	elephant	**isda**	fish
emosyon	emotions	**iskatebord**	skateboard
Enero	January	**iskuter**	scooter
eroplano	airplane	**isports**	sports
espongha	sponge	**itim**	black
estante ng libro	bookcase	**itlog**	egg
galit	angry	**kabayo**	horse
gatas	milk	**kahel**	orange (color)
globo	globe	**kalan**	stove
golp	golf	**kalkulador**	calculator
gorilya	gorilla	**kama**	bed
gripo	faucet	**kamatis**	tomato
gumagapang	crawling	**kamay**	hand
gunting	scissors	**kambing**	goat
guro	teacher	**kamelyo**	camel
guwantes	gloves	**kamiseta**	shirt
hagdan	stairs	**kamiseta**	t-shirt
hangin	wind	**kanin**	rice
helikopter	helicopter	**kapatid na babae**	sister
hila	pull	**kapatid na lalaki**	brother
hindi	no	**karate**	karate
hipopotamo	hippopotamus	**kariton**	wagon
hotcake	pancakes	**karot**	carrot
Hulyo	July	**kasilyas**	toilet
Hunyo	June	**katawan**	body
Huwebes	Thursday	**kawali**	pan
ibaba	below		

Tagalog-English Word List

keso	cheese	mag-aaral	student
keyk	cake	magandang gabi	good night
kidlat	lightning	magandang umaga	good morning
kilay	eyebrow	magbasa	read
kotse	car	maingay	loud
krayola	crayons	mainit	hot
kukis	cookies	mais	corn
kumakain	eating	makinang panghugas ng pinggan	dishwasher
kumot	blanket		
kumusta	hello	malakas	strong
kuneho	rabbit	malambot	soft
kurbata	necktie	malamig	cold
kusina	kitchen	malinis	clean
kutsara	spoon	maliwanag	light (opposite of dark)
kutsilyo	knife	malungkot	sad
kuwago	owl	mangkok	bowl
lababo	sink	mani	nuts
lapis	pencil	manok	chicken
leeg	neck	mansanas	apple
leon	lion	mantikilya	butter
lila	purple	maong	jeans
lima	five	Marso	March
limon	lemon	Martes	Tuesday
Linggo	Sunday	marumi	dirty
lobo	wolf	masaya	happy
lola	grandmother	masikip na damit pangbaba	tights
lolo	grandfather	mata	eye
lumundag	bounce	matanda	old
Lunes	Monday	matigas	hard
mabigat	heavy	mausisa	curious
madilim	dark	Mayo	May
magaan	light (opposite of heavy)	medyas	socks

Tagalog-English Word List

mesa	desk	pag-iskeyt	skating
mesa	table	pagkain	food
mga hayop	animals	paglalayag	sailing
mga hugis	shapes	pagong	turtle
mga kabaligtaran	opposites	pagsasalita	talking
mga kulay	colors	pakikinig	listening
mga kuwaderno	notebooks	pakiusap	please
mga numero	numbers	pakwan	watermelon
mga panahon	seasons	palaka	frog
mga pinamili	groceries	palayok	pot
microwave	microwave	palda	skirt
Miyerkules	Wednesday	paliguan	bathtub
motorsiklo	motorcycle	paliguan	shower
mukha	face	pamilya	family
nagulat	surprised	pampalo	whisk
nakatayo	standing	panahon	weather
natutulog	sleeping	panda	panda
niyayakap	hugging	pandikit	glue
niyebe	snow	pangingisda	fishing
Nobyembre	November	panglamig	sweater
noo	forehead	panlangoy	swimsuit
oberols	overalls	pantakip	stapler
Oktubre	October	pantalon	pants
oo	yes	panukat	ruler
orasan	clock	panulat	pen
oso	bear	papel de kasilyas	toilet paper
paa	foot	parihaba	rectangle
paalam	goodbye	parisukat	square
paaralan	school	pasipilyo	toothpaste
pabo	turkey	pataas	up
pag-akyat	climbing	patatas	potatoes
pagboboxing	boxing		

Tagalog-English Word List

pato	duck	**sala**	living room
Pebrero	February	**salad**	salad
penguin	penguin	**salamat**	thank you
peras	pear	**salamin**	mirror
pinsan na babae	cousin (female)	**salaming pang-araw**	sunglasses
pinsan na lalaki	cousin (male)	**salawal**	underwear
pinto	door	**saluwal na panglangoy**	swim trunks
pintura	paint	**sampu**	ten
pisngi	cheek	**sandwich**	sandwich
pitaka	purse	**sangkalan**	cutting board
pito	seven	**sapatos**	shoes
pito	whistle	**sapatos na pangtakbo**	sneakers
pitsa	pizza	**sarado**	closed
plato	plate	**Setyembre**	September
popkorn	popcorn	**shampoo**	shampoo
prens prays	french fries	**sibuyas**	onion
presa	strawberries	**siko**	elbow
pridyeder	refrigerator	**silid-tulugan**	bedroom
pula	red	**sinturon**	belt
pulis na kotse	police car	**sipilyo**	brush
pulso	wrist	**sipilyo**	toothbrush
pusa	cat	**siyam**	nine
putbol	soccer	**sopa**	couch
puti	white	**sorbetes**	ice cream
pyjama	pajamas	**soro**	fox
raketa	rocket	**spaghetti**	spaghetti
raketa sa tenis	tennis racket	**submarino**	submarine
rosas	pink	**suklay**	comb
rugby	football	**sumbrero**	hat
Sabado	Saturday	**suso**	snail
sabon	soap	**taas**	above
saging	banana	**tag-init**	summer

Tagalog-English Word List

taglagas	autumn
taglamig	winter
tagsibol	spring
tahimik	quiet
tainga	ear
takot	afraid
takure	kettle
tandang	rooster
tasa	cup
tatlo	three
tatsulok	triangle
tawa	laugh
telebisyon	television
tenis	tennis
tigre	tiger
timbangan	scale
tinapay	bread
tinidor	fork
tisyu	tissue
tiya	aunt
tiyan	stomach
tiyo	uncle
tokador	dresser
tostadong tinapay	toast
trak	truck
trak ng bumbero	fire truck
traktora	tractor
transportasyon	transportation
tren	train
tsarera	teapot
tsitsirya	chips
tuhod	knee
tulak	push
tumalon	jump
tupa	sheep
tuwalya	towel
tuyo	dry
ulan	rain
ulap	cloud
ulo	head
umiyak	cry
unan	pillow
unggoy	monkey
upo	sit
upuan	chair
usa	moose
walo	eight
zebra	zebra

English-Tagalog Word List

above	taas	book	aklat
afraid	takot	bookcase	estante ng libro
airplane	eroplano	boots	bota
alligator	buwaya	bounce	lumundag
ambulance	ambulansya	bowl	mangkok
angry	galit	boxing	pagboboxing
animals	mga hayop	bread	tinapay
apple	mansanas	broccoli	brokoli
April	Abril	brother	kapatid na lalaki
arm	braso	brush	sipilyo
August	Agosto	bubbles	bula
aunt	tiya	bus	bus
autumn	taglagas	butter	mantikilya
backpack	bag	cake	keyk
banana	saging	calculator	kalkulador
baseball	besbol	camel	kamelyo
basketball	basketbol	car	kotse
bathroom	banyo	carrot	karot
bathtub	paliguan	cat	pusa
bear	oso	chair	upuan
bed	kama	cheek	pisngi
bedroom	silid-tulugan	cheese	keso
below	ibaba	chest	dibdib
belt	sinturon	chicken	manok
bicycle	bisikleta	chin	baba
bird	ibon	chips	tsitsirya
black	itim	circle	bilog
blanket	kumot	clean	malinis
blouse	blusa	climbing	pag-akyat
blue	asul	clock	orasan
boat	bangka	closed	sarado
body	katawan	clothes	damit

English-Tagalog Word List

cloud	ulap	egg	itlog
coat	amerikana	eight	walo
cold	malamig	elbow	siko
colors	mga kulay	elephant	elepante
comb	suklay	emotions	emosyon
cookies	kukis	eye	mata
corn	mais	eyebrow	kilay
couch	sopa	face	mukha
cousin (female)	pinsan na babae	family	pamilya
cousin (male)	pinsan na lalaki	father	ama
cow	baka	faucet	gripo
crawling	gumagapang	February	Pebrero
crayons	krayola	finger	daliri
cry	umiyak	fire truck	trak ng bumbero
cup	tasa	fireplace	apuyan
curious	mausisa	fish	isda
cutting board	sangkalan	fishing	pangingisda
dark	madilim	five	lima
December	Disyembre	food	pagkain
desk	mesa	foot	paa
diamond	diyamante	football	rugby
dirty	marumi	forehead	noo
dishwasher	makinang panghugas ng pinggan	fork	tinidor
dog	aso	four	apat
door	pinto	fox	soro
down	baba	french fries	prens prays
dress	bestida	Friday	Biyernes
dresser	tokador	frog	palaka
dry	tuyo	giraffe	dyirap
duck	pato	glass	baso
ear	tainga	globe	globo
eating	kumakain	gloves	guwantes

English-Tagalog Word List

glue	pandikit	karate	karate
goat	kambing	kettle	takure
golf	golp	kitchen	kusina
good morning	magandang umaga	knee	tuhod
good night	magandang gabi	knife	kutsilyo
goodbye	paalam	lamp	ilawan
gorilla	gorilya	laugh	tawa
grandfather	lolo	leg	binti
grandmother	lola	lemon	limon
green	berde	library	aklatan
groceries	mga pinamili	light (opposite of dark)	maliwanag
hair	buhok	light (opposite of heavy)	magaan
hand	kamay	lightning	kidlat
happy	masaya	lion	leon
hard	matigas	listening	pakikinig
hat	sumbrero	living room	sala
head	ulo	loud	maingay
heavy	mabigat	March	Marso
helicopter	helikopter	May	Mayo
hello	kumusta	microwave	microwave
hippopotamus	hipopotamo	milk	gatas
horse	kabayo	mirror	salamin
hot	mainit	Monday	Lunes
house	bahay	monkey	unggoy
hugging	niyayakap	moose	usa
ice cream	sorbetes	mother	ina
jacket	dyaket	motorcycle	motorsiklo
January	Enero	mouse	daga
jeans	maong	mouth	bibig
July	Hulyo	neck	leeg
jump	tumalon	necktie	kurbata
June	Hunyo		

English-Tagalog Word List

nine	siyam	please	pakiusap
no	hindi	police car	pulis na kotse
nose	ilong	popcorn	popkorn
notebooks	mga kuwaderno	pot	palayok
November	Nobyembre	potatoes	patatas
numbers	mga numero	pull	hila
nuts	mani	purple	lila
October	Oktubre	purse	pitaka
old	matanda	push	tulak
one	isa	quiet	tahimik
onion	sibuyas	rabbit	kuneho
open	bukas	rain	ulan
opposites	mga kabaligtaran	rainbow	bahaghari
orange (color)	kahel	read	magbasa
orange (fruit)	dalandan	rectangle	parihaba
overalls	oberols	red	pula
owl	kuwago	refrigerator	pridyeder
paint	pintura	rice	kanin
pajamas	pyjama	rocket	raketa
pan	kawali	rooster	tandang
pancakes	hotcake	ruler	panukat
panda	panda	sad	malungkot
pants	pantalon	sailing	paglalayag
pear	peras	salad	salad
pen	panulat	sandwich	sandwich
pencil	lapis	Saturday	Sabado
penguin	penguin	scale	timbangan
pig	baboy	scarf	balabal
pillow	unan	school	paaralan
pink	rosas	schoolbus	bus ng paaralan
pizza	pitsa	scissors	gunting
plate	plato	scooter	iskuter

English-Tagalog Word List

seasons	mga panahon	**square**	parisukat
September	Setyembre	**squirrel**	ardilya
seven	pito	**stairs**	hagdan
shampoo	shampoo	**standing**	nakatayo
shapes	mga hugis	**stapler**	pantakip
sheep	tupa	**star**	bituin
ship	barko	**stomach**	tiyan
shirt	kamiseta	**stool**	bangkito
shoes	sapatos	**stove**	kalan
shoulder	balikat	**strawberries**	presa
shower	paliguan	**strong**	malakas
sink	lababo	**student**	mag-aaral
sister	kapatid na babae	**submarine**	submarino
sit	upo	**summer**	tag-init
six	anim	**sun**	araw
skateboard	iskatebord	**Sunday**	Linggo
skating	pag-iskeyt	**sunglasses**	salaming pang-araw
skirt	palda	**surprised**	nagulat
sleeping	natutulog	**sweater**	panglamig
snail	suso	**sweatshirt**	dyaket na may hoodie
snake	ahas	**swim trunks**	saluwal na panglangoy
sneakers	sapatos na pangtakbo	**swimsuit**	panlangoy
snow	niyebe	**table**	mesa
soap	sabon	**talking**	pagsasalita
soccer	putbol	**teacher**	guro
socks	medyas	**teapot**	tsarera
soft	malambot	**television**	telebisyon
spaghetti	spaghetti	**ten**	sampu
spoon	kutsara	**tennis**	tenis
sponge	espongha	**tennis racket**	raketa sa tenis
sports	isports	**thank you**	salamat
spring	tagsibol		

English-Tagalog Word List

three	tatlo	**wet**	basa
Thursday	Huwebes	**whale**	balyena
tiger	tigre	**whisk**	pampalo
tights	masikip na damit pangbaba	**whisper**	bulong
tissue	tisyu	**whistle**	pito
toast	tostadong tinapay	**white**	puti
toe	daliri sa paa	**wind**	hangin
toilet	kasilyas	**window**	bintana
toilet paper	papel de kasilyas	**winter**	taglamig
tomato	kamatis	**wolf**	lobo
toothbrush	sipilyo	**wrist**	pulso
toothpaste	pasipilyo	**yellow**	dilaw
tornado	buhawi	**yes**	oo
towel	tuwalya	**young**	bata
tractor	traktora	**zebra**	zebra
train	tren		
transportation	transportasyon		
triangle	tatsulok		
truck	trak		
t-shirt	kamiseta		
Tuesday	Martes		
turkey	pabo		
turtle	pagong		
two	dalawa		
uncle	tiyo		
underwear	salawal		
up	pataas		
wagon	kariton		
wardrobe	aparador		
watermelon	pakwan		
weather	panahon		
Wednesday	Miyerkules		

Published by Dylanna Press an imprint of Dylanna Publishing, Inc.
Copyright © 2025 by Dylanna Press

Editor: Julie Grady

All rights reserved. No part of this publication may be reproduced, stored in a retrieval system, or transmitted by any means, including electronic, mechanical, photocopying, or otherwise, without prior written permission of the publisher.

Although the publisher has taken all reasonable care in the preparation of this book, we make no warranty about the accuracy or completeness of its content and, to the maximum extent permitted, disclaim all liability arising from its use.

Printed in the U.S.A.

www.ingramcontent.com/pod-product-compliance
Lightning Source LLC
Chambersburg PA
CBHW042354070526
44585CB00028B/2930